Mi propia Entropía

Mi propia Entropía

Cristina Giménez

Círculo Rojo
EDITORIAL

Primera edición: Enero 2024

Depósito legal: AL 3094-2023

ISBN: 978-84-1199-745-4

Impresión y encuadernación: Editorial Círculo Rojo

© Del texto: Cristina Giménez
© De la ilustración de portada: Evelyn Oller Ocampo
© Maquetación y diseño: Equipo de Editorial Círculo Rojo
Editorial Círculo Rojo

www.editorialcirculorojo.com
info@editorialcirculorojo.com

Impreso en España — Printed in Spain

El papel utilizado para imprimir este libro es 100% libre de cloro y por tanto, **ecológico**.

A todos aquellos que una vez me salvaron aun sin saber que me estaba ahogando, gracias.

La entropía es
el grado de desorden y caos
que existe en la naturaleza.

¿Por qué escribes?

Es la pregunta que más he escuchado y la más complicada de responder solo con una palabra.

Así que, después de analizarme en exceso, he llegado a la conclusión de lo siguiente:

1. Escribo porque escribir es la única manera que tengo para tomarme el tiempo que necesito para encontrar las palabras oportunas que definan con exactitud lo que quiero decir.

2. Escribo porque escribir me sirve para analizarme, para cuestionar todo lo que hay en mi cabeza, me sirve de tirita a heridas de las que no era ni consciente de que existían.

3. Escribo porque escribir me sirve para tener a todos mis demonios a raya.

4. Escribir me mantiene cuerda.

5. Escribir es aire para mis pulmones.

Y sin eso... no podría vivir.

CARTA DE NIÑOS

¿Y qué le puedo decir al niño obstinado y melancólico,
contra el que la vida atenta, poniéndole tantas piedras en el camino?
Pues que tiene la sonrisa más bonita que mis ojos han tenido el
privilegio de ver.
Debería de lucirla más a menudo.
Que pone mi vida patas arriba cuando lo veo tan emocionado y que,
al igual que ocurre con el cielo, me pongo triste si le veo tan nublado.
Al chico que pintaba sonrisas y acariciaba mis miedos,
quédate todo lo que puedas.

Sabes a casa, a seguridad y a mucho pero que mucho cariño.

A veces te miro con la intención de dejarte grabado en mi mente.

Sin tener constancia de cuál es el factor a valorar para poder
confiar en una persona,
decido confiar ciegamente y dejarme llevar.
Haz lo que tengas que hacer.

Que el mundo me da muchas menos vueltas si estoy a tu lado.

Sentirse como en casa en una persona.

(Ahí es cuando sabes que no hay marcha atrás)

Eres el cosquilleo que me nace cada vez que te veo y que me obliga a sonreír.

Cuando parecía que más organizada tenía la vida, más impredecible se ha vuelto.

A LA PEQUEÑA HORMIGA QUE CRECE

No sé qué se supone que debería de ser esto,
si una lista de todas las cosas que tienes que hacer,
de todos los monstruos a los que te vas a enfrentar,
o dejarlo simplemente en la lista de la compra.

Me da pánico verte crecer,
así que permíteme que te dé unos consejos.

No pierdas tu esencia por malas influencias.

Recuerda, como dice la abuela,
que, a palabras necias, oídos sordos.
No permito que llores por nadie que no te merezca.
Elige muy bien a quién escuchar.

Que no hay mal que por bien no venga,
no te des por vencida.

Mi favorita,
más vale estar solo que mal acompañado.
Que, cuando alguien es un agujero negro,
para qué quieres darle el privilegio de estar cerca de una estrella.

A lo hecho, pecho;
de *na* sirve arrepentirse.
Que mejor es pedir perdón que permiso,
porque así es como van a empezar todas tus historias,
pero, como te pases, ojo por ojo y diente por diente.

Que a quien madruga Dios le ayuda,
por si te sirve de algo saberlo.

Si nos puedes hacer un favor,
te pediría que no crecieras tanto.
O al menos tan rápido.

Recuerda que seré tu estrella guía durante toda tu vida,
para cuando el universo se vea muy oscuro
y los monstruos salgan a bailar.
Para cuando sientas que necesitas refugio.
Y que, aunque quien se fue a Sevilla perdió su silla,
la tuya está en reservado VIP en Málaga,
porque serías como Pedro por su casa.

Que de tal palo, tal astilla,
y míranos.

RUTINAS

Soy de costumbres,
del café antes de empezar el día,
del lado derecho de la cama,
de escribir un par de versos antes de dormir,
de darte el beso de buenas noches.

Y ahora me tienes en este mar de dudas,
nublada y perdida en mitad de un desierto,
dentro de un laberinto en el que ninguna puerta es la salida.

Y ya no estás,
se me ha roto la cafetera,
duermo en una cama de 90
y he prendido fuego a todos mis diarios.
Pero comencé a nadar,
construí la casa más bonita del desierto
y me abrí mi propia puerta en mitad del sendero de dudas.

DEL PEQUEÑO TERREMOTO QUE HA CRECIDO

Cómo negar que no te echo de menos, cuando te echo tanto de menos,

o cómo admitir la lágrima que tengo que secar cada vez que te recuerdo, cuando lloro mares de lágrimas reviviendo todos los recuerdos en los que me permitiste estar.

Supongo que me toca aventurarme en la vida sin tu mano a mi lado, pero te llevo en mi corazón junto con todo lo que me enseñaste, junto con tu cara de orgullo y cariño hacia mí.

Te quiero.

Por mucho que pueda doler, tengo que ser honesta conmigo misma...

AHOGO

Me acompaña y me persigue la sensación de que me ahogo,
se siente como un nudo en el estómago.

Llorar y llorar mares de lágrimas,
maldecir al tiempo por no poder congelarlo.

No existe persona capaz de protegerme de los monstruos,
tengo pesadillas con las sombras que salen del armario y ni yo
misma puedo ayudarme.

Me hallo perdida en mitad de un laberinto de caminos enrevesados,
no sé qué es lo correcto y no sé qué es lo que quiero,
no sé cuánto estoy dispuesta a dar más de mí con la idea de ser
feliz.

Me siento estrujada,
me he quedado sin jugo y sin felicidad.

Ya no tengo ánimos ni fuerzas ni energía,
mucho menos ilusión y amor.

Me encadeno al motivo de mi ruina,
me enamoro de mis monstruos
y a la eterna constante de sustos.

¿Y qué haces cuando estás tan perdida?
Solo se me ocurre llorar,
llorar y escribir.
Y de ahí nace todo lo que he llorado.

RESACA

Levantarme esta mañana ha sido una pesadilla,
afrontar que nada de lo que había ocurrido había sido un sueño.
Me sentía muerta y, aun siendo consciente de eso,
me daba igual.
Sonreír no tiene ningún sentido
una vez que me doy cuenta de que no puedo hablarte.

VÉRTIGO

Siento que me ahogo,
como si cayera en lo más profundo de un pozo.
Como si todo a mi alrededor se nublara
y llegara el punto en el que ni siquiera viese ese haz de luz y
esperanza.

A PESAR DE TODO

Me consuela saber que, a pesar de estar rompiéndonos el alma,
al menos nos entendimos,
entendimos todo lo que teníamos que decirnos.
Lloré,
lloré por lo complicado que se me hizo,
por todo lo que habíamos vivido,
por lo que habíamos pasado,
y entiendo que ahora necesitamos tiempo.
Pero que lo entienda no quiere decir que lo haga todo más fácil;
significa que decido sufrir,
pero ser fiel a lo que fríamente siento.

¿Dolor?
Dolor es sentir que te defraudas a ti mismo,
que haces todo lo que un día juraste no hacer.
Dolor es verte a ti en otra versión,
una mucho más fría.
Dolor es que tus dos versiones se enfrenten
y la de antes tenga las de perder.

Me echas en cara haber cambiado,
anhelas y me reprochas esa versión de mí que ya no existe.
Ni siquiera sabes que estás reclamando la versión más rota que he
conocido de mí misma.

Mi cuerpo me pide que me vaya.
Que huya lejos.
Para eso he creado una burbuja insonorizada
dentro de mi cabeza;
ahí nadie me puede encontrar.

LUZ INTERMITENTE

Me estoy apagando y no puedo hacer nada para alumbrarme,
no puedo hacer nada para respirar.
La mochila tira de mí hasta la profundidad de un océano tan
oscuro que no veo el momento de salir o de que acabe conmigo.

OSCURIDAD

Hay una voz en mí que me arrastra,
me hunde y me grita,
grita todo aquello que no soy capaz de escuchar.

Ahora, de noche,
el demonio del que hablo reina en mí.
Me destruye con sus ideas duras y amargas.

Lloro.
Me escondo con falsedades,
por no ceder a lo que dice.

Esa voz.
La que no deja de atormentarme.
Esa voz.
La que tengo en mi sentido,
esa que intenta destruirme.

Es de noche y en este momento la estoy escuchando.
La escucho regodearse,
me destruye con sus necias palabras.

Este demonio me provoca un vacío inmenso.
¿Cómo se es feliz cuando eres el propio demonio que te mata?

MEMORIAS

Llené mi galería de fotos bonitas;
de atardeceres en el muelle;
de flores en la alameda;
de luces, meriendas y rincones de Málaga.
Todo para salvarme de un mar inmenso,
todo para tener un lugar al que recurrir antes de ahogarme.

Malgastamos nuestro tiempo esperando que la persona equivocada
nos devuelva un mínimo de atención.
Y qué triste me parece.

Me odio porque siempre jodo todo lo que me importa.

Sabía que era mi mejor momento, pero no sabía que se iba a
acabar tan pronto.

Me perdí intentando encontrarme.
Qué topicazo.
Me tenía y me perdí,
y me perdí sin saber que me perdía.
Me apagué sin saber que me apagaba
y no escuché a todos los que me gritaban,
que velando por mí se preocupaban.
Perdí una versión de mí que nunca más volveré a recuperar.

¿Qué haces cuando sabes que estás en el peor momento de tu vida?
¿Qué tipo de consuelo te queda?

La vida consiste
en una lucha constante contra la entropía.

FUGAZ

Me acostumbré a las caricias de unas manos pasajeras y,
cuando se marcharon, me quedé eternamente esperando.
Mi cuerpo añoraba unas caricias que nunca tuvieron que ser suyas.
Ahora que me doy cuenta, sigo esperando a que aparezcas.

DEFECTUOSA

Me pregunto si no estaré rota de fábrica.
Quizás el juguete defectuoso soy yo y no lo que me rodea.
Quizás soy el problema y el error.
Quizás estoy intentando arreglar a alguien
y lo que no sé es que yo no tengo la solución.
Que quizás soy yo la que lo necesita.

FLECHAZO

Me duele el pecho.
La rabia me invade.
Quiero gritarte todo lo que te quiero y no me dejo.
No puedo.

Me jode tener la tendencia de contarte todo lo bueno que ocurre
en mi vida,
me jode porque ya no estás y porque no puedo dejar de pensar en
contártelo todo.

He pensado en escribirte todo lo que pienso de ti, y no, no es una
declaración de amor.
Es una oportunidad de sacarte de mi cabeza,
una oportunidad para conseguir dejar de pensarte.

Te tengo que confesar que…
había imaginado nuestro futuro juntos.
Nos imaginaba hablando de nuestros sueños,
con una copa de vino,
intentando arreglar el mundo,
intentando espantar a los monstruos.
Así es como nos imaginaba, entre risas.
Pero ya no…

He volado cerca del sol y me acabo de quemar.

Crecer es darse cuenta de que, por mucho que quieras a una persona,
cuando vuestros caminos se separan, no puedes dejar tus sueños
para seguir los del otro.

KILOS DE BASURA

¿Cómo narices saco todo lo que escribo últimamente, si todo lo que escribo va sobre él?
No puedo ocultar lo que preocupa a mi corazón.

TE QUIERO

Te odio, pero de pronto me sonríes,
de pronto dices mi nombre y se me olvida todo.
Te odio, pero llegas y me rozas,
y solo puedo pensar en todo el tiempo que ha pasado sin que eso
ocurriera.
Te odio y de pronto no puedo dejar de pensarte.

CARTA DE HUIDA

Aunque quizás nunca en tu vida llegues a confesarlo,
sé que te da miedo y huyes de sentir,
huyes de abrirte porque te niegas a que alguien más te haga daño,
porque eres un escéptico del amor, y yo una romántica empedernida.

CAJA DE TRASTOS

No quiero escuchar nada que tenga que ver contigo,
porque sé que en algún momento voy a estallar,
porque tengo muchas cosas en la cabeza que ocupan espacio
y la caja donde están todos tus recuerdos está por medio.
Así que cada vez que doy un paso, me tropiezo con ella.

NOTIFICACIÓN

No dejo de mirar el móvil por si en algún momento te confundes y decides responderme a alguno de los mensajes que te envié.

ESPEJISMOS

Pensé que serían para siempre
las miradas cómplices,
brillar juntos,
ser uno.
Las risas silenciosas,
las tontas caricias,
los abrazos constantes,
los besos eternos.
No creí que acabaría echando tanto de menos todo lo que nunca
pensé que iba a poder perder.

MAGO APRENDIZ

A veces pensamos que podemos arreglar a una persona y
~~se nos olvida que no podemos hacer milagros;~~ que, para intentar
arreglar a alguien, primero tiene que reconocer que está roto.
No somos juguetes estropeados que se puedan pegar ni putos
magos para hacerlo.

¿Cómo te atreves a hacerle daño a alguien al que has querido tanto?

Mis palabras pueden ser más bordes que los cuchillos,
pero cómo hago para que mi cuerpo no reaccione al verte;
a él no puedo engañarlo.

Ahí volvía a estar otra vez mi problema de no saber estar sola.

Quizás soy un desastre,
quizás tengo un problema interiorizado,
quizás no sé llamar tu atención,
quizás no te entienda
y quizás no llegue a hacerlo nunca.

ERROR DE BASE

Y es que ese siempre fue nuestro problema,
que yo siempre he sido de subir la música a todo volumen y cantar,
de hacer planes sin pensar
y de soltarme de vez en cuando la melena.
Yo siempre he sido de menos decir y más hacer.
Y tú siempre me bajabas la música en el coche porque decías que
estaba demasiado alta.

A MODO DE AMENAZA

Mi problema es que quiero mandarte el mensaje número mil
quinientos para decirte que nos veamos.
Mi problema es que mi domingo no me lo imagino de otra
manera nada más que yéndote a buscar,
tomar un vinito con las olas del mar,
el sol acariciándonos mientras divagamos sobre la vida,
hablando de millones de cosas que no sabemos.
En definitiva,
convirtiéndonos en un poco menos desconocidos.

BRÚJULA

Estar lejos de él era como encontrarse perdido en mitad de un bosque, frío y oscuro, rodeada de un verde asfixiante.

UN LUGAR PARA VIVIR

No te estaba esperando,
llegaste y me pusiste la miel en los labios,
la alimentaste y me hiciste creer en unicornios.
Tus manos en mi pelo se enredaron,
tu sonrisa se convirtió en mi droga favorita,
nos entrelazamos y a nuestro alrededor una maraña de nudos nos ató,
casi parecía que iba a ser un bonito lugar para vivir.

Pero, de repente,
quitaste la mano y yo me recogí el pelo,
los nudos se desataron,
nos liberamos.

Pero la piel no se olvida fácil por quien llega a sentir.
Me lo demuestra en el momento en el que me coges de la mano,
en el momento en el que te veo sonreír tímido,
me lo confirmas cuando me acaricias por la cintura
y sigues haciendo que todo mi sistema nervioso se ponga a temblar.

Y a pesar de que, al aparecer, me cojas de la mano,
me mires como si yo fuera lo más especial del universo
aunque me acaricies y me hagas temblar,
aunque se me encoja el corazón al verte sonreír con esa cara de niño.

A pesar de todo eso,
vuelves a desaparecer,
te vuelves a alejar,
me dejas sola de nuevo en un tormento de recuerdos,
preguntas sin respuestas
y miles de reproches.
No te estaba buscando cuando te encontré
y ahora, después de todo, sigo sin tenerte.

PROTAGÓNICO

Finjo que no puedo desarrollar ningún tipo de afecto por ti,
que no acabaré reconociendo que te doy la opción de que me
jodas la vida.
Voy a seguir fingiendo que lo tengo todo bajo control.

Hay miradas para las que ni siquiera existen palabras en el mundo
que puedan describirlas.

No puedo controlar las ganas que tengo de besarte,
es como un impulso superior a todas mis fuerzas.

Y, sin darte cuenta, conectas con alguien que no esperabas.

Bailar y dejarme llevar por tu cuerpo.

Nunca he sido de compromisos,
pero no puedo dejar de pensar en abrazarte.
Y no sé qué quiere decir eso.

No sé qué es lo que quiero,
no sé qué es lo que debo hacer,
no sé qué es lo que NECESITO.
Pero, mientras tanto, podemos improvisar;
quizás así me ayudes a descubrirlo.

RECORDATORIO

No quiero entrar en tu vida creyendo que voy a ser la persona que
te salve de ti mismo,
porque ni siquiera yo puedo hacerlo por mí.

Dos extraños que se abrazan pensando en dos conocidos.

PUNTO INCONEXO

Quiero volver a hablar contigo,
quiero volver a hablar contigo de esa manera.
Quiero volverte a escuchar mi nombre,
porque nunca quedó tan bien en la boca de nadie.
Que me da un vuelco el corazón al escucharte reír.
Que se me para el mundo.
Y el problema está en que quiero volver a hablar contigo y no lo
haremos hasta que bebas lo suficiente como para que seas capaz
de sacar la fuerza que te falta para hablarme.
Y en ese punto nos encontramos.

Creo que nuestra relación siempre fue diferente, siempre hubo una
conexión que no podemos negar.

NI SIQUIERA

Ni siquiera existe un nosotros y, cuando pienso en nosotros,
se me llena el alma de felicidad,
me recorre un cosquilleo por todo el cuerpo.
No me imagino un final diferente que
siendo tu primer beso cada mañana,
en un asalto combatiendo en el *ring* de nuestra cama.

BILLETE DE RETORNO

Volviste a mi vida de la manera más inesperada,
cuando ya había aceptado que te fueras,
cuando ya dolía todo mucho menos,
entonces apareciste.
Para ponerme el mundo del revés,
de nuevo.
Ahora que me has dado un tiempo para mí,
solo espero que suene mi móvil con tu nombre en él.
Solo espero que me digas todas esas cosas que ya me has dicho.
Solo espero que no te canses de estar ahí,
porque no quiero volver a perderte,
no quiero que vuelvas a alejarte,
pero tampoco quiero atarnos.

OXITOCINA

He vuelto a hablarle,
ni siquiera era algo que hubiera meditado por mucho tiempo.
Simplemente algo que hice.
Y es que últimamente todo me daba señales de ella.
No me había dado cuenta de lo que necesitaba hablar contigo
hasta que vi tu notificación en mi móvil.
La oxitocina que te produce una amiga es algo que espero no
volver a olvidar.

EVOLUCIONES

Volví al mismo lugar,
pero esta vez más cambiada,
esta vez sola,
esta vez con otra libreta para escribir,
con el pelo más largo, más rizado, más rubio;
con los ojos apagados, más cambiados, más oscuros, más ojeras.
Más revuelta, menos ingenua.

AHORA QUE YA NO

Me he dado cuenta de que, sin quererlo, te he estado buscando
en otras personas.
No era consciente.
Pero ahora me doy cuenta de que nadie se reía como tú,
nadie le pone la misma magia a las pequeñas cosas,
nadie me hace sentir tan grande como tú.
Contigo siempre sentí que estaba en casa.

Echar de menos, pero tener la fuerza suficiente como para seguir
en pie.

Guardé tu cepillo de dientes durante todo el año siguiente,
por si acaso volvías.

CULPABLES

Es mi culpa.
A fin de cuentas, no sé mantener nada que tenga que ver con algo
de dos.
Pierdo la pareja del calcetín.
Pierdo la pareja de los pendientes.
Pierdo los cascos inalámbricos.
Cómo esperas que no te acabe perdiendo a ti también.
Aun así, lo intento.
Emparejo un calcetín con otro perdido.
Los pendientes sueltos se convierten en *piercings* solitarios.
Cambio los auriculares inalámbricos por unos de cable.
Y tú y yo qué.
Pues podemos ver hacia dónde vamos con un café.

Sabía que te iba a echar de menos, pero no podía llegar a imaginar
hasta qué punto.

Soy incapaz de abrir la libreta para escribir y no acordarme de ti.

No sé por qué dejamos de hablar,
no sé qué es lo que nos pasó,
pero últimamente no dejo de pensar en todos nuestros momentos
juntas;
por si fuera poco, Málaga no contribuye en nada.
Porque eres cada rincón de ella.
Eres mosaico,
eres el último mono,
eres todos los museos,
eres la alcazaba,
eres café con libros,
eres Julia Bakery
o la Bella Julieta.
Eres cámara en mano y vamos a echarnos unas risas.

Paseo bajo las sombras de las infinitas filas de árboles y aún nos
escucho riendo en ese mismo parque.
Donde siempre sonará *Podría ser peor* de La Casa Azul.

Ella vivía dentro de su cabeza, aislada de todo lo que pasaba alrededor.

Tras meses de caras largas y tristezas,
la niña ha vuelto a sonreír,
ha lucido una sonrisa como las de antes
y ha encandilado con ella a todos los que tiene a su alrededor.
Ese es el atuendo que mejor le queda.
Esa es su luz.

EGO

Tiene una sonrisa por bandera.
Unas ganas de vivir que aterrorizan al mundo.
Anda con el pelo suelto, sus rizos al aire despeinados.
Tiene una risa que opaca al silencio.
Corre en la playa revolcándose en la arena
y de vez en cuando se pierde entre las hojas de un buen libro.
Pero siempre vuelve al mundo real con algo nuevo que
compartir.
Últimamente le ha dado por escuchar a los Beatles,
leer comedias románticas y escribir en su vieja libreta.
Nunca imaginé que la felicidad iría vestida con vaqueros anchos
y sudaderas.

ARMADURA DE CRISTAL

Hoy me he querido poner más guapa,
hoy me he maquillado, me he mirado al espejo brillando.
Me he puesto mi armadura para simular que no ha ocurrido nada,
que nadie tiene que preocuparse por nada.

ENCRUCIJADA

Hay una pregunta que siempre me ha resultado odiosa, complicada más bien, o incluso seria. Porque es un arma de doble filo.
¿Eres feliz?
Puede provocarte el mayor subidón de oxitocina si la respuesta es sí.
Pero cuando te das cuenta del vacío que deja tras de sí la pregunta o el silencio inmenso que le precede y la inmensa tristeza o ansiedad al ser consciente de que nada en tu vida es realmente como deseas…

Últimamente soy más reacia a abrirme.
Últimamente busco cualquier excusa para no escribir,
para no analizar mi cabeza y corazón.

¿Qué sentido tiene conocer gente nueva si no dejas que calen en ti?, ¿si no dejas que marquen huella?

Creo que cada experiencia que vivo contribuye al endurecimiento de mi coraza.
Acabaré por no sentir y la vamos a liar.

CHISPAS DE FELICIDAD

Estoy comenzando a saborear cómo se siente el cosquilleo de la ilusión.
Cómo se siente de nuevo la sensación de estar viva.
Y sabe a nervios y a picapica.

BLANCANIEVES

Me costó darme cuenta de que lo que realmente eras es una manzana
podrida.
Eres la desafortunada elección entre un bol lleno de fruta.
El arrepentimiento después de la mordida y el eterno recuerdo.

Lo que sangra siempre será más atractivo para el público,
la sangre siempre atrae,
como las luciérnagas a la luz.

MONSTRUOS

Tienes miedo.
Huyes.
Tienes miedo y huyes de sentir,
huyes de abrirte porque te niegas a que alguien más te haga daño.
Porque eres un escéptico.
Tienes miedo.
Y huyes.
Cobarde.

OSCURIDAD

He desarrollado miedo a la oscuridad por la cantidad de meses
en los que he estado encerrada en las profundidades de un pozo.
He tardado en que mis ojos volvieran a acostumbrarse a lo que
era sentir la luz de nuevo,
me he encandilado, y ahora comienzo a caminar de nuevo bajo un
radiante futuro.

SIN LÍMITES

Estoy viviendo la vida con la que soñaba de pequeña.
No quiero una vida común,
no quiero una vida preestablecida.
Quiero vivir todo lo que el universo tenga preparado para mí,
siendo libre,
con todas las personas que elija en mi camino.

MARIPOSAS

Y quizás he cometido varios errores en mi vida,
tantos que he perdido la cuenta.
Pero tenemos derecho a equivocarnos y andar por malos caminos,
caernos y experimentar.
Eres libre de sentirte viva, aunque otros lo vean como un error,
pero, después de todo, es tu vida.

LA INSPIRACIÓN

Es algo complicado explicarle a una persona ajena qué es lo que te
inspira y lo que no.
Por qué escribes lo que escribes.
Más allá de eso, qué es lo que determina que esto pueda acabar
en una página de papel.
Y es que la respuesta a eso es un «no lo sé».
Supongo que es todo aquello que queda vivo y deja huella en mí.
Es una sensación de euforia que perdura en el tiempo cada vez
que lo recuerdo.
Es lo que hace que se me encoja el corazón.
Es un paseo en coche con la música alta y cantando a pleno pulmón
con tus amigas.
Eso es lo que deja huella,
eso es un momento de euforia,
eso es lo que perdura en el tiempo,
lo que lo determina y, por consiguiente,
lo que me inspira.

Creo que cada uno tiene que ser consecuente de cómo hace las cosas. Nunca va a haber alguien a quien echarle las culpas.

¿Y si ya no tengo nada más para escribir?

Hay arte allá donde mires.
La gente es capaz de escribir poemas hermosos,
son capaces de pintar cuadros que te dejen sin palabras,
son capaces de componer canciones que te dejen huella,
arte que impacta en toda regla.
Qué envidia.

Nunca creí que justo lo que necesitaba eran 3 personas mágicas tan diferentes e iguales al mismo tiempo.
Eran esas risas en mitad de un momento de tensión,
eran unas manos que te secaran las lágrimas.
Eran 6 brazos que te sostienen fuerte,
eran esos momentos mágicos con personas estrellas.

EL MAR

¿Cómo puedo explicarle a alguien que no está dentro de mi cabeza la sensación tan jodidamente relajante que siento cuando estoy frente a él?
Algo tan inmenso al lado de algo tan pequeño como yo.
¿Cómo es posible que, siempre que lo vea, me vuelva a enamorar?

Tengo el corazón lleno:
a partir de ahora esa es mi sensación favorita del mundo.

PUNTO FLACO

Qué putada saber que siempre serás mi debilidad.
Qué putada saber que, siempre que quieras volver, podrás hacerlo
y que, cuando quieras irte,
sin más tendré que aceptarlo,
para que, cuando decidas, una vez más, entrar, te deje hacerlo.
Qué putada que seas mi debilidad porque yo no soy la tuya,
pero tú siempre lo serás.

¿Te imaginas poder vivir todas las vidas que te imaginas?

He desarrollado un temor claustrofóbico.
A veces me pasan tantas cosas buenas que no puedo dejar de
pensar en que algo muy malo tiene que pasar a continuación.

ALMAS GEMELAS

Hay algo mágico que une a un grupo de personas desconocidas
y que las convierte en almas gemelas.
La magia está en esas miradas cómplices,
en esos abrazos reconfortantes,
en las charlas hasta las tantas,
las risas descontroladas.
Hay algo único que unen a 4 locos con el mismo sueño en común.
Todo comienza en una terraza con un buen vino y muchas historias
para contar.

¿Qué hubiera ocurrido si nos hubiéramos dado una oportunidad?

LUZ GUÍA

Cuando te adentras solo en el mundo,
corres el peligro de caer en la locura,
de acabar navegando a contracorriente,
corriendo el riesgo de ahogarte.
Estoy sola,
frente a las locuras macabras de la vida;
ahí es donde he aprendido que tú eres mi mantra,
eres las palabras mágicas que me guardan la cordura.
El flotador en mitad del océano,
la luz en mi oscuridad.
Gracias.

Me has condenado a escribir cosas que nunca nadie podrá leer.

Nos encontramos en un mal escenario, en el que ambos esperábamos
cruzarnos para imaginar campos verdes más allá de la muralla.

¿Qué es lo que tienes para que ocupes el mayor espacio y tiempo
en mi cabeza?
¿Quién crees que eres para atribuirte ese privilegio?

SOBREVIVIENDO

Y es que no merecemos menos,
merecemos ser felices.
Aunque sea a contracorriente.
Porque no debemos permitir que exista algo capaz de hacernos
pasarlo mal.

Apareces y el mundo tiene que girar en torno a ti.
Apareces y me buscas.
¿Para qué?
Apareces y consigues confundirme,
desmontas mi teoría,
la pintas de rosa
y le echas purpurina.
Apareces para luego irte y joderme.
Para eso apareces.

ESPÍRITU KAMIKAZE

¿En qué clase de trampa he caído con tu recuerdo?
Es mi espíritu salvavidas el que paradójicamente tiende a ser un
kamikaze y decide estrellarse a toda velocidad contigo.
Cayendo una vez más en el falso truco mental,
en las expectativas que dormida me imagino
y con las que choco al despertar, al poner los pies en la realidad.
Mi constante obsesión con querer arreglarte,
como si de mí dependiera que prefieras suicidarte.

SIN VUELTA ATRÁS

Creo que hay un factor muy peligroso cuando conoces a alguien
que puede determinar que acabe siendo o no tu debilidad,
y es que te haga sentir cómoda.
Cuando conoces a alguien con el que estás a gusto,
con el que eres tú,
no hay nada más, no puede haberlo.
Es la peor droga que le puedes dar a un corazón malherido que
finge no estarlo.

¿Llegará el momento en el que por mi propia cuenta diga
y sea capaz de decir que te dejo?
¿Llegará el momento en el que diga que no te pienso
y, sin darme cuenta, sea verdad lo que digo,
porque es así como lo pienso?

Para mí nunca fue justo,
tú has sido siempre el que ha podido decidir cuándo.
Cuándo quieres aparecer por mi vida para joderla y arruinarla.
No ha sido justo porque siempre te he dejado entrar.

ENIGMA

¿Qué es lo que tienes para que te deje joderme la vida de esa manera?

¿Qué es lo que tienes para permitirte que no abandones mi cabeza ni por un solo segundo?

¿Qué es lo que me has hecho para caer en esta trampa?

¿Qué es lo que me has hecho?

Yo, que no quería nada con nadie; yo, que ni siquiera quiero algo contigo, pero me obligas a no dejar de pensarte.

Me obligas a que no pueda pensar en otra cosa y me jodes la vida, teniendo tú la excusa de que no hiciste nada.

Estoy cansada de las debilidades,

de que seas la causa y el motivo por el que mi escudo indestructible se quiebre y de repente le inunden preguntas y curiosidades por ti.

De repente, tus imágenes y recuerdos no dejan de reproducirse dentro de mí.

ESCRITORES DE TINTA INVISIBLE

Hay lugares en los que escribimos historias con personas
que no podremos ni borrar ni olvidar.
Siempre que vuelva a ese mar, me acordaré de ti.
La arena imitará tus caricias.
La luna brillará por tus ojos,
las olas gritarán tu nombre.
Siempre que vuelva a ese lugar,
todo hará que te recuerde, hasta el rincón que más odiabas.

EFÍMERO

La vida son etapas.
Siempre se van a acabar cerrando, tarden más o menos.
Hay personas que vienen para enseñarnos algo y que, una vez que
ya han cumplido con todo lo que tenían que hacer, que nos han
enseñado todo, se tienen que marchar.

UNA VEZ AL AÑO

Málaga es una ciudad que me ha dado mucho.
Incluso más de lo que un día imaginé.
Pero de lo que verdaderamente estoy agradecida es de la bonita
tradición de encontrarnos una vez al año en la estación.
Porque le das más significado a la calle Larios.
Porque brilla mucho más el sol.

MÁLAGA EN EL CORAZÓN

Puede que estas sean las líneas más tristes que escriba en toda mi vida,
o al menos las más sentidas.
Y va para la ciudad que me ha dado lo que no sabía que tanto
necesitaba.
Va para todas las calles en las que me perdí simplemente paseando
y dejándome llevar por ellas.
Por todas las personas que encontré, que me encontraron, y por
aquella que me salvó.
Que me salvó de una vida sin saber lo que era el amor verdadero.
Por el olor a biznaga entremezclado con el mar.
Por todos los espectáculos de luces,
por el ruido que opaca mi angustiante silencio.
Por no poder pasar ni por una sola calle sin decir: «Aquí pasó algo
que yo viví».
No esperaba nada y lo esperaba todo a la vez,
pero tú me diste mucho más.

Creo que después de mucho tiempo al fin me siento bien
y, más importante aún,
no me suena como si estuviera mintiendo al escucharlo en voz alta.

CICLOS

Supongo que la vida se trata de cerrar etapas. De entender que,
aunque mañana vuelva a salir el sol por el mismo sitio,
no tiene nada que ver que tú lo hagas donde siempre.
Que a veces por la calle por la que pasabas un millón de veces
dejas de pasar.
Despertarte junto al mar acaba.
Ya no hay café rápido mientras corres para no perder el tren.
Ya no huele a sal.
Dejas de quejarte por la humedad del mar
y comienzas a echar de menos.
Supongo que la vida trata de cerrar etapas.
Supongo que acabas echando de menos todo lo que un día te
molestó.
Supongo que cuesta saber que hubo una última vez.

El fénix que resurge de sus cenizas.

He estado en un pozo durante varios meses y por fin comienzo
a ver algo de luz en este dichoso túnel que me tiene desesperada.

Para todo lo que escribo hablando de lo que siento y para todo lo
que sufro sintiendo.
Los sentimientos son algo para lo que soy muy incapaz de
gestionar.

De repente, me encuentro bien.
De repente, estoy viviendo todo lo que nunca hubiera imaginado.

He dejado de lado esa búsqueda estúpida e inconsciente de una persona a la que apegarme,
de alguien que me salve.
Yo no necesito nadie que me salve,
que yo no me estoy muriendo para que tenga que venir en mi ayuda.

No siento que me ahogue,
ya no,
he tenido un bloqueo mental conmigo misma,
me impedía vivir.
Me prohibía escribir,
porque no tenía ni la fuerza ni la energía suficiente como para poder analizar mi cabeza y dejar constancia en un papel de todo lo que iba mal.

LIMBO ESPACIOTEMPORAL

Durante mucho tiempo he vivido anestesiada de mi propia vida.
En un limbo plano de sentimientos.
Ahora que apareces de puntillas,
que me embrujas con tus ojos para que los recuerde eternamente.
Me meto de cabeza en una montaña rusa donde nada es estable
y todo me pone los pelos de punta.

No tengo duda alguna de que lo mío es escribir.
Sangrar escribiendo es algo que me sale nato.
Nunca lo consideré una opción
y ahora no hacerlo me parece una locura.

Y decidí dejar de ponerme guapa para alguien más que no fuese yo.

Por todos los momentos fuera de cámara, permanentes en
nuestros corazones.

Vomito todo lo que tengo por si algo de ello, de repente,
encuentra sentido entre las palabras y alguien se siente
mínimamente reflejado.

No sé qué es lo que espero que me digas cuando veo que me hablas.
No sé para qué te respondo,
si no me van a sorprender ninguna de tus palabras.

El sol atravesaba cada minúscula parte de mi piel,
haciéndome sentir tan bien.
Estaba feliz, contenta, a salvo, en casa, ajeno del mundo exterior.
Podría quedarme en este limbo durante toda mi vida.

Hoy estoy más triste de lo normal,
puede que sea el bajón que augura la tormenta.

ARTE DE CORAZÓN

Me parece precioso hacer arte con cada persona que llega a tu vida.
La capacidad de dejar huella en ti y que seas capaz de transformarlo en algo mucho más bello,
en música,
en pintura,
en poemas,
en fotografía...
Cualquier cosa que grita lo que aún no eres capaz de mencionar en voz alta.

PENUMBRA

He estado mucho tiempo a oscuras,
viviendo en un mundo gris nublado.
Rodeada de frustraciones y sin saber enfocar mi futuro,
mis deseos u objetivos.
Y ahora que toda mi vida dio un giro de 180°,
ahora que no reconozco ni a mi versión de ese entonces…
Ahora me siento con el corazón lleno;
ahora cada nervio de mi cuerpo da saltos,
vibra al ritmo,
con el tono
y el color de un día soleado.
Ahora estoy bien,
ahora estoy feliz.

Los senté a todos en la mesa y, sin saberlo, les di los cuchillos para
que se despellejaran vivos.

Comienzo a ver cómo se acumulan las historias y cómo se llena
el baúl de los recuerdos.

Me duele el pecho.
La rabia me invade.
Quiero gritarte todo lo que te quiero
y no me dejo.
No puedo.

ÚLTIMA VEZ

Tengo que dejar de empezar las frases que te dedico por un «me has jodido»,
porque realmente me he jodido yo sola por elegirte a ti para que me arruines la vida.
Por ser mi elegido,
mi estúpido elegido.

Mi miedo es que me quede eternamente esperando algo que no va a ocurrir nunca.

INCRÉDULO

Le pides tranquilidad a un mar atormentado,
le pides orden a un ciclón,
le pides calma a plena tormenta.
¿No te das cuenta de quién comete el error aquí?

Me odio por llevar la eterna condena de ser una intensa de cuidado.

Nunca he sido una persona a la que se le dé bien esperar
y tú
te has propuesto ponerme a prueba.

DOTES INTUITIVOS

Has aparecido de la nada,
con tu gran entrada interestelar,
cuando ya lo daba por perdido,
cuando ya me había elegido.

Has vuelto para acabar con mi tranquilidad,
para soltar mil mariposas que revolotean por mi interior,
para aparecer en mis sueños porque no te consigo sacar de mi cabeza,
para dejarme vibrando con tu recuerdo.

Has aparecido de nuevo para llevarme a mi lugar seguro,
para reconocernos de nuevo después de un largo tiempo,
para enseñarte todas las heridas de guerra
y que inconscientemente te esté pidiendo que beses cada una de
esas marcas.

No sé qué espero haciendo de tu recuerdo algo real,
no sé qué busco cuando te miro y no te puedo descifrar.
Supongo que estoy esperando a que me cuentes el mismo cuento
de siempre,
ese en el que los monstruos te secuestran
y son los eternos culpables de que no se crucen nuestros caminos.
Supongo que hace mucho tiempo que dejé de esperar a ese príncipe
valiente que se enfrentaba a todos ellos.

Y te juro que no sé qué espero cuando te miro y pones esa cara
de interesante,
no sé si es que tu recuerdo se quedó clavado en mí
y son mis ojos los que te gritan todo lo que mis cuerdas vocales
no se permiten.

Supongo que le estoy pidiendo que me descifre a un ciego sin dotes de intuición,
que ni siquiera es capaz de imaginar que le estoy pidiendo que algún día llegue no solo a mirarme, sino a verme.

Quiero escribir los versos en los que te sientas más identificado.
Con los que llores al leer todo lo que siento en mi mundo interior.

A MODO DE ADVERTENCIA

A veces me da miedo quedarme atrapada en mi interior,
ser absorbida por los recuerdos y que me hagan presa de ellos.
Un mártir de su vida.
Por eso, aunque me esté adentrando en un viaje sola,
no te alejes mucho,
por si tienes que ser el héroe que me salve de mí misma.

ANHELO ETERNO

Lo besé sabiendo que era la última vez.
Sabiendo que, aunque nuestros ojos siguieran coincidiendo,
nunca más cometerían el infortunio de permitir que nuestros
labios se vuelvan a encontrar.

OBSESIVA OBSESIÓN

La constante búsqueda inconsciente del príncipe azul,
de ese ser prometido que nos salve de nuestra tortuosa rutina.
Confiando en que realmente esa persona existe,
que esquivará el eterno juego del sí y no
para demostrarnos lo que de verdad deseamos.

GUERREROS CAÓTICOS

Supongo que hace tiempo inconscientemente elegí que mi vida estaría vinculada a la de un ser caótico, siendo yo misma mi propio caos.
Pero es que encuentro la belleza en el propio desorden,
admiro cómo la vida tiene la capacidad asombrosa de crear escenarios maravillosos a los ojos,
dotando a sus mejores guerreros caóticos con la visión para admirar y el talento para transformar todos los desperfectos del universo y de nosotros mismos en obras de arte dignas de admirar.

Los guerreros caóticos son capaces de ver el caos y amarlo,
sabiendo que, al hacerlo, están firmando su propia sentencia.
Y, siendo conscientes de ello, deciden amarlo y utilizar sus gafas de superpoderes para hacer creer a los incrédulos que al final del arcoíris está el caldero de oro.

RED DE SUPERVIVENCIA

No sabía que era tan fundamental, para sobrevivir a la vida,
formar una red de aliados,
un colchón que te envuelva y que te dé la seguridad de que no
estás solo frente al mundo,
porque a tu alrededor tienes unos locos que harían cualquier cosa
por ti,
si así es el vínculo que forjas con ellos.

Mi red de aliados sabe a picapica y a burbujas de Coca-Cola,
a palomitas y *pizza* de microondas.
Los asocias con el amarillo felicidad
y huelen a éxito, a casa y a todo lo que está bien.

Son un grupo que se forma al ritmo del *techno*,
con brillibrilli y ropa de colores,
con saltos y gritos de alegría.

Son noches de fiesta y mañanas de empalme,
son dejarse fluir y escribir las historias que les contaremos a
nuestros nietos, si es que los tenemos…
Son viajes de locura y días de playa,
son tiendas de segunda mano y un vinito después.

Todos ellos son brazos que te sostienen para que no te caigas,
o al menos para hacerte más leve la caída.

Son eso y muchas otras tantas cosas que no saben y que yo no
esperaba.

Una red que me ha salvado,
un colchón que me ha protegido,
unos amigos que me han dado la vida,
sin ellos saberlo.

A veces la vida nos pone retos,
colocándonos en situaciones que no entendemos del todo,
todo para aprender a gestionarlos.
A veces te tienes que sentar y enfrentarte a tus propios sentimientos
sin saber cómo afrontarlos.

El problema está cuando aprendemos que las cosas no son tan
sencillas,
que los problemas no son todo o nada,
que no podemos tomar una decisión sin sentimiento,
que no lo vemos blanco o negro porque tienen más matices.
Porque a veces nos encontramos ante una extensa gama de grises,
que únicamente nos sirven para que todo sea más complicado,
con los pequeños detalles que enrevesan más la situación.

Quizás debemos dejar de enfrentarnos con uñas y garras,
queriendo convertir algo cuadrado en redondo.

Desistir de la guerra interminable y dejarnos llevar.

A veces solo tenemos que intentar encontrar un equilibrio en esa
extensa gama de grises y quedarnos donde ambos nos beneficiemos
el uno al otro,
donde ambos podamos ser, fluir y vibrar juntos.

Sabiendo que el blanco nunca volverá a tornarse tan puro
y el negro tan oscuro.

Sabiendo que nos dejaremos marcados de por vida.

Empezar una libreta nueva siempre me da esa sensación de picapica, cosquilleos y nervios.

Coinciden con los cambios de etapas en mi vida, un paso de página. Una libreta nueva determina todo lo nuevo que está por venir, refleja el cambio o evolución que haré y que todavía no puedo imaginarme.

Es un augurio de cambios y de seguir sintiendo emociones que me mantienen viva.

Por eso, muchas gracias por haber hecho este viaje conmigo. Espero que te hayas podido sentir mínimamente identificado con algo, que algunos de los renglones te hayan servido de tirita.

Gracias a mis abuelas, por enseñarme a ser buena persona y mostrarme con el ejemplo lo que es querer con todo el corazón.

A Ana, Nerea, María Q. y Mónica, por recordarme siempre cuál era mi camino y ser siempre mi impulso.

A mis padres, por ser mis alas, y a mi hermana, por ser mi fiel compañera con quien compartir cualquier logro como el propio.

Y, por supuesto, a ti, querido lector, por elegirme entre un mar de libros.

Muchísimas gracias por seguir haciéndome posible compartir con vosotros todo lo que escribo y espero que nos volvamos a reencontrar entre las hojas de otro libro.

Índice